El ja de tío Rolo

Myka-Lynne Sokoloff
ilustrado por Gabriele Antonini

Este es el jardín de tío Rolo.

¿Sabes qué tiene tío Rolo en el jardín? Tiene árboles y pasto.

Tío Rolo me da semillas. No sé de qué son. Debo ponerlas en la tierra.

Pongo las semillas. Uso una palita. Las tapo con tierra. Después las regamos.

Juntamos las ramitas y el pasto seco. ¿Sabes por qué? Son malos para el jardín.

Después de unos días soleados,
asoman unas matitas.

Pasan los días y las semanas.
¿Sabes qué veo en el jardín?
¡Veo de todo!

¡Qué buena está la sandía!
¡Qué buenos están los tomates!
¡Qué bueno está todo!

Actividades de aprendizaje

 De semilla a planta

Conversa con un compañero acerca del cuento. ¿Qué necesitan las semillas para convertirse en plantas?

 Yo quiero plantar

Dibuja algo que te gustaría plantar. Escribe una oración.

Yo quiero plantar _____.

¿Cómo crecen las plantas en tu jardín?

GR E • Benchmark 8 • Lexile 180

Kindergarten • Unidad 5 Semana 1

www.mheonline.com

978-0-02-125897-0
MHID 0-02-125897-X

99701

EAN

9 780021 258970

K

Mc
Graw
Hill
Education

Ayudamos
a la Tierra

Quinn Baker

Mc
Graw
Hill
Education

ESTRATEGIAS Y DESTREZAS

Comprensión
Estrategia: Volver a leer
Destreza: Tema principal y detalles
clave

Palabras de uso frecuente
familia, hace, más, también

Fonética
Repaso

Estándares curriculares
Estudios Sociales
Educación cívica

Número de palabras: 6I**

**El número total de palabras incluye las palabras del cuerpo del texto y de los títulos. No se incluyen las cifras ni las palabras en los pies de foto, rótulos, diagramas, tablas y recuadros.

Photography Credit: Cover Fancy/Alamy

Send all inquiries to:
McGraw-Hill Education
Two Penn Plaza
New York, New York 10121

ISBN: 978-0-02-125848-2
MHID: 0-02-125848-1

Printed in the United States.

3 4 5 6 7 8 9 DOC 18 17 16 15

A